AF229107

TRILOGIE

Heures sombres

et

Carrefours dangereux

L'Accolade

Qui fut plus aimé ?

(29 août 1897)

Prix : **0,25** c. ; par la poste, **0,30** c.

CHEZ TOUS LES LIBRAIRES D'ANGOULÊME

ET DE LA CHARENTE

ANGOULÊME

...ERIE A. ROUX ET DESPUJOLS

Rue Tison d'Argence, 3.

TRILOGIE

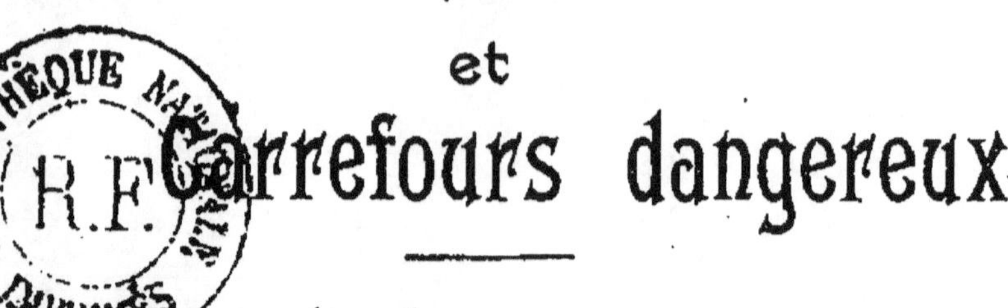

Heures sombres

et

Carrefours dangereux

L'Accolade

Qui fut plus aimé ?

(29 août 1897)

Prix : **0,25** c. ; par la poste, **0,30** c.

CHEZ TOUS LES LIBRAIRES D'ANGOULÊME

ET DE LA CHARENTE

ANGOULÊME

IMPRIMERIE A. ROUX ET DESPUJOLS

Rue Tison d'Argence, 3.

AVANT-PROPOS

J'avais pensé que l'auteur des facéties publiées, les 12 et 27 septembre, dans la *Croix de la Charente,* sur « LES DIEUX DE LA PATRIE », de M. le Sous-Préfet de Confolens, et sur « les VERTUS QUI NOUS MANQUENT », ne s'arrêterait pas à moitié chemin ; qu'il continuerait d'apprécier le discours prononcé par M. Gontier, à Chabanais, le 29 août, pour l'inauguration du monument Carnot.

Mais voilà plus d'un mois que « ce membre correspondant de plusieurs sociétés savantes » fait le mort ; il garde un silence obstiné après nous avoir servi « deux PERLES » seulement de cette fameuse harangue sous-préfectorale, qui en contient des quantités ; il aurait bien pu en enfiler un chapelet, que certains lecteurs eussent égrené dévotement, à quelques « heures sombres » de leur existence.

Hé bien ! puisqu'il se taît, je parle.

Car il est au-dessus de mes forces, de laisser passer, sans protestation, les blasphèmes historiques proférés à Chabanais ;

Car ma conscience me crie de saisir cette occasion, pour faire entendre à d'honnêtes citoyens, à tant de braves gens, qui méritent bien qu'on les éclaire, que, depuis trop longtemps, certains hommes leur débitent, sans vergogne, les choses les plus extravagantes.

« Vous venez bien tard tirer ces conclusions d'un discours parfaitement oublié », « diront quelques sages cervelles ».

C'est vrai ; mais vous savez bien que dame Justice a des lenteurs extraordinaires, voulues, dit-on, par dame Prudence ; qu'elle va doucement, pour aller sûrement.

Et puis, vous ne l'auriez pas deviné, ce chétif opuscule s'est vu arrêter sur le chemin de son imprimeur, par une vraie barricade. J'ai dû parlementer à son sujet ; finalement il a passé bravement *per saxa, per ignes*, pardessus des blocs d'objections, sous les feux croisés des représentations sévères de très prudents amis.

Dans ce rude passage, il a perdu je ne sais combien de ses feuilles, non dénuées d'intérêt, mais jugées trop vives ; trouées pour ce motif par les balles de la critique, elles jonchent ladite barricade ; il a fallu en assagir d'autres ; édulcorer bien des passages, au risque de les affadir ; et garder mon sérieux en beaucoup d'endroits, où j'aurais voulu rire à mon aise.

Vrai, il y a dans la vie de tous les hommes, même, vraisemblablement, dans celle d'un Sous-Préfet, « des heures sombres et des carrefours dangereux. »

Et là-dessus soit clos
Ce long Avant-Propos.

I.

Heures sombres
Carrefours dangereux

———

D'après le plus applaudi des orateurs de Chabanais, la famille Carnot serait la première de notre pays ; une famille unique, ayant fourni, pour notre salut, depuis cent ans, quelqu'un de ses membres, à toutes les *heures* difficiles et périlleuses ; une famille, avec laquelle il n'est pas permis de craindre que la France périsse jamais.

Ecoutez, en effet, ce qu'a bien osé dire ce délirant orateur :

« PENDANT CES CENT DERNIÈRES ANNÉES, *à*
« *toutes les heures sombres de notre histoire*,
« A TOUS LES CARREFOURS DANGEREUX, UN CAR-
« NOT S'EST RENCONTRÉ POUR DÉFENDRE LE
« SOL DE LA PATRIE, LA CAUSE DU DROIT ET DE
« LA LIBERTÉ. *Deux ont connu l'exil*, et l'au-

« tre, le martyre. Mais qu'importe ? l'un TOMBE,
« l'autre SE REDRESSE et SAISIT L'ÉTENDARD
« ENSANGLANTÉ. Heureuses les démocraties où
« de tels hommes trouvent des successeurs ; où
« de tels dévouements, d'aussi dévoués, qui
« les continuent. O mon pays bien-aimé, TU
« NE PÉRIRAS PAS. Le sang DES MARTYRS féconde
« ton sol !! »

Rien que cela ! Excusez du peu !

Ou plutôt, en guise de compliments déli-
cats, dont M. Gontier ne paraît pas avoir le
secret à son service, quels lourds pavés lancés
à la tête de M. Adolphe Carnot, qui, lui, après
tous les autres orateurs, a parlé du Président,
son frère, et a remercié les habitants de Chabanais, dans une allocution irréprochable,
pleine de sens et de tact.

En même temps, quelle falsification de
l'histoire !

Promenons donc un peu les chandelles de la
vérité sur les *faits et gestes* des Carnot.
Voyons, d'un coup d'œil rapide, si réellement
« *pendant ces cent dernières années, à toutes les heures sombres de notre histoire, à
tous les carrefours dangereux, un Carnot
s'est présenté, etc...* »

Commençons notre revue, nécessairement
très sommaire, par celui qui est le plus rap-
proché de nous, le Président Carnot. »

Né le 11 août 1837, élève de l'Ecole Poly-
technique, de l'Ecole des Ponts-et-Chaussées,

ingénieur, Marie-François-Sadi Carnot avait 33 ans, lorsque éclata, au mois d'août 1870, notre malheureuse guerre avec la Prusse.

Je n'ai vu nulle part qu'il ait pris les armes, pour « défendre le sol de la Patrie », après la déclaration des hostilités, avant la Révolution du 4 septembre.

Très peu après cette date, il fut chargé d'organiser « la défense de la patrie » dans... la Seine-Inférieure, dans l'Eure et le Calvados, bien loin, par conséquent, *des carrefours dangereux*.

Le 11 janvier 1871, il devint préfet de la Seine-Inférieure et alla se loger dans un hôtel préfectoral très confortable, à distance des batailles sanglantes.

Elu député de la Côte-d'Or, le 8 février, il siégea, pendant la Commune, à Versailles, à une distance prudente et sûre des communards et de leurs balles.

QUE D'HEURES SOMBRES, monsieur Gontier, que de CARREFOURS DANGEREUX pour notre pays, au nord, au centre, autour de Metz et de Paris, sur la Loire et dans l'Est, en 1870 et en 1871, où « un Carnot *ne s'est point présenté pour défendre le sol de la Patrie* » au péril de sa vie ! Mais combien de nos officiers, quelle multitude de nos soldats ont trouvé la mort dans ces *heures* et dans ces *carrefours* à jamais *sombres* pour tant de milliers de familles françaises !

Mais continuons :

Elu député après la guerre, M. Sadi Carnot fut ministre de Jules Ferry, de Brisson, de plusieurs autres chefs de Cabinets, républicains aussi avancés ; avec ces hommes, avec les francs-maçons et tous les sectaires de la Chambre, il vota les lois de persécution contre l'Eglise et les catholiques.

Et sous son septennat, commencé le 3 septembre 1887, il donna toutes les signatures qui lui furent demandées pour l'exécution de ces lois néfastes.

Et l'oppression des catholiques battit son plein sous sa présidence,

La postérité impartiale, quand les passions politiques de notre temps se seront apaisées, jugera et dira qu'il n'a point défendu, mais combattu de ce fait « la cause du droit et de la liberté », dans ces années sombres pour la France catholique, pendant lesquelles, député, ministre, président, il n'a pas travaillé à procurer cette condition première et essentielle du bonheur et de la prospérité d'une nation, la paix religieuse.

Le 24 juin 1894, il est assassiné par le monstre Caserio ; il est la victime infortunée de l'un des plus grands crimes que l'histoire ait à flétrir ; tous les honnêtes gens éprouvent à son sujet une pitié immense ; il est frappé là où sa charge voulait qu'il fût à l'heure de la catastrophe ; il est frappé parce qu'il est le chef de l'Etat ; la patrie est frappée elle-même dans celui qui, alors, était sa tête.

Mais on ne peut pourtant pas dire qu'en se rendant, à l'entrée de la nuit, le 24 juin, au théâtre de Lyon, à une représentation dramatique, il allait défendre « la cause du droit et de la liberté ».

On ne peut pourtant pas dire sensément qu'un autre Carnot eut encore à saisir et « *saisit l'étendard ensanglanté* » de la patrie ; car cet étendard sacré n'était pas là ; car il ne s'agissait pas de défendre, avec le drapeau devant soi, le sol de la patrie, à cette heure à jamais lamentable.

Il y a une quinzaine d'années, le czar Alexandre II fut tué par la bombe d'un nihiliste. Les Russes, ses fidèles sujets, le pleurèrent, mais ne s'exclamaient point pour dire qu'il avait péri, dans leur capitale, en défendant la cause du droit et de la liberté, le sol de la patrie.

Ni les royalistes de France ne crièrent rien de pareil, lorsque, le 20 février 1820, le duc de Berry, père du comte de Chambord, fut poignardé par le fanatique Louvel, en se rendant aussi au théâtre.

Et ainsi, sans aucun parti pris, en n'écoutant que le bon sens, je cherche et je ne trouve pas, de 1870 à 1894, le président Carnot « dans un carrefour dangereux, pour défendre le *sol de la patrie, la cause du droit et de la liberté* ».

Voilà donc un grand quart de siècle qu'il faut retrancher aux fameuses » CENT DERNIÈRES ANNÉES » de M. Gontier.

Voyons si nous serons plus heureux dans nos recherches avec le second Carnot, celui qui fut un personnage sous Louis-Philippe et la République de 1848.

En 1830; pendant la Révolution de juillet, il y eut quelques jours *sombres* et quelques carrefours *dangereux*, quand la monarchie légitime des Bourbons prit, sans retour, le chemin de l'exil et fut remplacée par celle des d'Orléans, comme « la meilleure des Républiques », au dire de Lafayette.

Mais Lazare - Hippolyte Carnot n'y parut point, et n'y pouvait pas paraître : étant né le 6 avril 1811, il n'avait encore que dix-neuf ans.

Député de l'opposition en 1839, en 1842, en 1846, disciple fervent de l'utopiste Saint-Simon, et, à la fin du règne de Louis-Philippe, l'un des organisateurs des banquets réformistes, s'il défendit, dans l'opposition, dans l'école saint-simonienne, dans les dits banquets, la cause du droit et de la liberté, ce fut sans aucune sorte de danger.

Vint la Révolution de février 1848, et avec elle des jours sombres et sanglants.

Un jour, dans les rues de la capitale terrorisée, une foule innombrable d'insurgés s'avance, furieuse et menaçante, précédée du drapeau rouge, dont elle veut faire le drapeau national. Un homme éloquent et courageux l'arrête, la harangue et lui lance la parole fameuse : « Le drapeau rouge n'a fait que le tour du Champ-de-Mars, traîné dans le sang du peuple en 1791 et 1793 ; le drapeau tricolore a fait le tour du monde... » Mais cet homme n'était pas un Carnot, c'était, comme on sait, Lamartine.

Voici venir, avec les derniers jours de juin 1848, les heures les plus *sombres* ; voici, avec les barricades, qui ferment tant de rues de la capitale, des *carrefours* terriblement *dangereux*.

« Le 23, l'insurrection prend des proportions gigantesques. Des centaines de milliers de bras sont à son service. Pour leur tenir tête, le général Cavaignac a sous ses ordres toutes les troupes de « la cause du droit et de la liberté ». Les généraux Lamoricière, Bedeau, Damesme le secondent. De part et d'autre, on combat avec acharnement Bedeau, Bixio, etc., sont blessés. Le 24, l'insurrection fait encore des progrès. La lutte est acharnée ; elle dure jusqu'à la nuit. Elle recommence le 25. Le soir de ce jour-là, Mgr Affre, archevêque de Paris, va porter des paroles de paix aux insurgés du faubourg Saint-Antoine. En vain on veut le retenir. Debout sur une barricade, il est frappé mortellement d'une balle. La lutte sanglante ne finit que le 26, à deux heures de l'après-midi. »

« Deux généraux avaient été tués ; six, blessés. Jamais la proportion n'avait été si forte dans les batailles de l'Empire ; jamais, dans les assauts des places fortes, on n'avait perdu tant de monde. » Eh bien ! pendant ces jours sombres, quand tant de Français mouraient ou étaient blessés dans ces *carrefours dangereux*, où donc était Lazare-Hippolyte Carnot ?

Ministre de l'instruction publique, il avait adressé aux Recteurs, en février, une circulaire fameuse, et dans laquelle *il engageait les instituteurs* à se *mettre sur les rangs pour être représentants du peuple ;* ce qui ne nous donne pas une très haute idée de son sens politique.

Mais où était-il pendant les sanglantes journées de juin ? Il remplissait certainement ses devoirs de citoyen, mais... à distance respectueuse des insurgés, de leurs barricades et de leurs balles.

Et voilà qu'il nous faut remonter jusqu'en 1814, au temps du siège d'Anvers, pour trouver un Carnot « défendant le sol de la patrie dans un carrefour dangereux.

Et voilà que sur les « *fameuses cent dernière années* de M. Gontier, nous en tenons *quatre-vingts,* où il nous est impossible de trouver un Carnot défendant « le sol de la patrie dans un carrefour dangereux ».

Quel historien que M. Gontier !

Ont-ils dû rire à ses dépens, et faire de lui et de son discours des gorges chaudes, les auditeurs et lecteurs instruits, connaissant leur histoire de France.

Comme il était bien fondé à dire, en louant les Carnot : « O mon pays bien-aimé, tu ne périras pas ! » Heureusement pour lui, notre pays bien-aimé a trouvé une multitude d'autres défenseurs.

Il est donc de toute nécessité de remonter jusqu'à 1814 et 1793 pour trouver enfin, non pas « à *toutes* les heures sombres », mais à quelques-unes, non pas « à *tous* les carrefours dangereux », d'un temps si fécond en périls, mais à quelques-uns, Lazare-Nicolas-Hippolyte Carnot « défendant le sol de la patrie ».

Né en 1753, mort en 1823, homme de haute intelligence et de grand courage, il paie de sa personne, il marche à la tête de troupes françaises en Wattignies, en octobre 1793, et remporte la victoire. Rentré à Paris par ordre, il crée, il arme, il dirige de la capitale quatorze corps d'armée. Il accomplit cette tâche si difficile sans compter avec la peine et avec un merveilleux succès. « Il travaillait sans relâche ; il restait seize heures par jour à son bureau (comme M. Gontier) ; il expédiait tous les ordres et correspondait avec tout le monde. Il procura ainsi des résultats admirables, détaillés avec des chiffres que j'ai sous les yeux, et qui sont beaucoup plus éloquents que les interminables périodes de M. Gontier. Enfin, il mérita par tant de travaux le titre glorieux d'*Organisateur de la victoire.* »

En 1814, il défendit Anvers, qu'il ne rendit qu'après la paix conclue et signée.

Mais puisque le plus applaudi des orateurs de Chabanais a mis tant d'emphase et une exagération si révoltante dans l'éloge des Carnot ; puisqu'il a vanté sans réserve le premier, le grand Carnot, dont je viens de parler, nul n'aura le droit de me trouver impertinent, si je rappelle que ce fameux *Organisateur de la victoire* n'a pas laissé, tant s'en faut, une mémoire sans reproche.

A l'heure à jamais *sombre,* au *carrefour dangereux,* où, le 17 janvier 1793, l'inique tribunal de la Convention jugea Louis XVI et condamna ce roi bon et innocent à périr sur l'échafaud, le grand Carnot vota contre lui la peine de mort. De ce fait, il prit rang, devant la postérité, parmi les assassins de Louis XVI. Il ne défendit pas alors, mais il foula aux pieds « la *cause du droit et de la liberté.* » En même temps, il attira « sur le sol de la patrie » des malheurs immenses.

Au mois d'août de cette même année sombre et sanglante, il devenait membre du Comité de salut public. Ce fut alors le règne de la Terreur. Les échafauds se dressèrent partout, et le sang le plus pur de la France y fut versé à torrents. Or le grand Carnot, dit un auteur, qui par ailleurs l'admire et le loue, le grand Carnot « absorbé par ses travaux, SIGNAIT SANS EXAMEN les ordres de ses collègues du Comité de salut public ; c'est pour sa mémoire une tache au moins de *criminelle indifférence* ».

De ce fait encore il y a du sang innocent sur ses mains et sur son front. Là encore il ne défendait pas « la cause du droit et de la liberté. »

« Il n'est que trop vrai, dit un autre auteur, la gloire du grand Carnot fut souillée par d'inexcusables turpitudes, par d'horribles cruautés... Dans les armées, comme dans l'intérieur, le système de terreur et de sang fut suivi avec la plus implacable rigueur ; elles eurent aussi leurs échafauds et leurs tribunaux révolutionnaires. Le code pénal militaire qui fut décrété à cette époque de violence et de tyrannie, et qui ne put pas être rédigé sans la participation ou du moins sans l'approbation de Carnot.. , surpassait en férocité les plus horribles décrets de ces malheureux temps, et les applications en furent aussi rigoureuses que multipliées. Nous avons vu aux armées de Sambre-et-Meuse, lorsque ces armées s'immortalisaient par la victoire de Fleurus, nous avons vu passer chaque jour, entassés dans des fourgons, les malheureux que la *Commission militaire et révolution-*

naire venait de condamner à mort pour les moindres fautes de discipline...

Et les Custine, les Houchard, les Beauharnais, tant d'autres officiers qui avaient de bonne foi servi la Révolution, purent-ils être envoyés à l'échafaud sans les ordres ou du moins sans l'approbation du grand organisateur des choses de la guerre ?... Et les dévastations du Palatinat, celles de la Vendée, les égorgements de Lyon et de Toulon, tout cela s'est fait par les armées, par les ordres du Comité de Salut public. Carnot a-t-il donc pu y rester étranger », lui qui comptait parmi les membres les plus intelligents et les plus laborieux de ce Comité de salut... et de sang.

Le grand orateur de Chabanais s'apitoie et verse un pleur sur *l'Organisateur* de la victoire qui, dit-il, d'un ton ému. « a *connu l'exil* ». Hé ! ne devait-il pas trouver cette peine bien légère, celui qui avait voté contre Louis XVI la peine de mort ; qui avait fait périr ce roi sur l'échafaud, et qui tout au moins par *une criminelle indifférence* avait été complice de l'assassinat de tant d'autres victimes innocentes !

C'est pourquoi M. Gontier aura beau dire avec des larmes dans les yeux et dans la voix. Le grand Carnot « a connu l'exil » je me rirai d'une pitié si mal placée.

D'autant que, s'il a été proscrit par Louis

XVIII, en 1815, il l'avait trop mérité encore par ailleurs.

« L'ancien ennemi des rois, le juge de Louis XVI, voulut que le frère de ce malheureux prince, que sa fille même l'accueillissent comme ils eussent fait de tout autre général, de tout autre chef de l'armée française ; et parce qu'il éprouva quelque froideur ; parce qu'on ne lui fit pas ouvrir à l'instant les deux battants de la porte royale, il sortit courroucé ; et, saisissant sa plume, il écrivit, sous le titre de *Mémoire au Roi*, le plus violent, le plus amer des libelles que la Restauration ait essuyés. Ce n'était pas seulement une JUSTIFICATION, UNE APOLOGIE DU RÉGICIDE ; c'était une attaque très vive, une longue diatribe contre toutes les institutions, contre tous les amis de la monarchie que l'on rétablissait... Le *Mémoire au Roi* contribua beaucoup à préparer la Révolution du 20 mars 1815 ».

O revers mystérieux des choses humaines !

En 1814, le grand Carnot prêchait ainsi, après l'avoir pratiqué lui-même, le régicide, l'assassinat des rois, et en 1894, son petit-fils, Président de notre 3e République, était assassiné comme un vulgaire monarque ! En 1814, le grand-père travaillait à vulgariser, par la presse, la doctrine infâme de l'assassinat politique ; 80 ans plus tard, le petit-fils périssait par le poignard de l'anarchiste, qui mettait cette doctrine en pratique !

« Dès que Napoléon, après son retour de l'île d'Elbe, fut rentré aux Tuileries, le 20 mars 1815, il fit appeler Carnot, et cet homme, autrefois si difficile, si peu malléable, accepta sans hésiter le titre de comte, celui de pair de France et le portefeuille de l'intérieur. »

Celui qui, au temps du Tribunat, au mois d'août 1802, *avait voté seul contre l'abolition de la République*, était devenu un rallié, un parfait rallié du premier Empire.

Napoléon Ier avait trop d'esprit, et d'esprit politique, pour ne pas s'attacher, de nouveau, un homme d'un rare talent, qui pouvait rendre de si grands services à la France et à la cause Napoléonienne.

Et j'admets que le grand Carnot, quoique à jamais perdu dans l'estime des Bourbons, se rallia par pur patriotisme.

Je ne critique pas le fait ; je le constate.

Et je m'abstiens de toute réflexion en ce qui concerne les choses politiques analogues de notre temps.

On sait maintenant le cas qu'il faut faire des dithyrambes flatteurs de M. Gontier à l'adresse des Carnot ; à quel point il faut les réduire pour avoir quelques lambeaux de vérité, et l'on sent comme elles sont creuses et ridicules, autant que sonores, ces exclamations :

« O mon pays bien-aimé, *tu ne périras pas ! Le sang des martyrs féconde ton sol ! La moisson est plus belle où la mort a passé !* »

Quittons donc les *heures sombres* et les *carrefours dangereux* de ces *cent dernières années*, pour venir à une *heure* singulièrement joyeuse et heureuse, encore peu éloignée de nous, et pourtant, chose étrange, ignorée de tous, excepté de M. Gontier, qui va nous en faire un tableau dramatique et *saisissant*.

II.

L'Accolade

« En 1893, à Saintes, disait, à Chabanais, le 29 août, l'ineffable sous-préfet de Confolens, quand le comte Anatole Lemercier, petit-fils du maréchal Jourdan, REÇUT le président Carnot DANS SES BRAS, aux *acclamations de tout un peuple*, en lui rappelant qu'il y avait cent ans, à pareil jour, que leurs deux grands-pères avaient arrêté l'invasion dans la plaine de Wattignies, un *tel frisson* passa sur ces foules,... un TEL ÉLAN s'empara de toutes ces âmes, que LES PLUS ABATTUS, LES PLUS DÉCOU-RAGÉS, CEUX QUI AVAIENT DOUTÉ DE LA PATRIE ET DE SES DIEUX, *relevèrent la tête* et senti-rent PASSER SUR LEURS FRONTS le SOUFFLE INVINCIBLE de *1792*, etc., etc. (et patati et patata).

En voilà une accolade merveilleuse et

féconde ! Et l'histoire n'en a pas parlé encore !

Ah ! je comprends maintenant pourquoi nous avons été vaincus par la Prusse en 1870 et 1871.

Quel malheur que M. Marie-François-Sadi Carnot, le futur président, et le comte Anatole Lemercier ne se soient embrassés dans ces années-là, sur quelques champs de bataille, devant quelque corps d'armée, au moment du combat ! Voyez-vous d'ici les *frissons* et l'*élan* produits ! le *souffle invincible de 1792* passant *sur les fronts* de nos soldats !

Qu'on s'en souvienne au moins pour les terribles guerres de l'avenir !

Une idée : Pourquoi M. Gontier ne démontrerait-il pas, *par un exemp e*, à ses administrés la vertu *invincible* d'une ACCOLADE donnée à propos ?

Convoqués par lui, ses concitoyens couvriraient de leur foule pressée les ponts de Confolens et les rives de la Vienne, au jour et heure fixés. Les deux personnages qu'il aurait choisis pour se jeter dans les bras l'un de l'autre, *devant tout un peuple,* arriveraient aussi ponctuellement.

Ils monteraient sur un trône dressé pour eux sur la berge.

Mieux que cela, ils s'embarqueraient chacun sur une gondole, portant, avec des mâts, des banderoles de toutes   uleurs, et, conduits par de vigoureu   eurs, ils vogueraient sur les flots et jetteraient l'ancre au milieu des deux ponts. Le célèbre canon de Confolens et le légendaire canon de Rochechouart, également convoqués pour la fête, seraient à leur poste, prêts à tonner pour donner le signal.

Si l'on voulait, en l'honneur des adorateurs « des dieux de la patrie », que la solennité prît une physionomie quelque peu mythologique, les Naïades de la Vienne, dont a parlé l'auteur des « *Deux Perles* », seraient priées de paraître. Sortant à moitié de l'onde, elles se rangeraient en cercle, et formeraient autour des deux barques une couronne d'immortelles, mollement assises sur la surface des eaux, bercées doucement par les Zéphirs chargés de faire flotter les banderoles, elles auraient le plaisir de voir et d'être vues.

Triton, demi-dieu aquatique, moitié homme et moitié poisson, musicien habile, pourrait être également de la partie. Alors, il serait loisible à tous d'admirer, comme dit Victor Hugo, qui aimait à rire, entre les deux barques et les Nymphes.

« Triton trottant autour, et tirant de sa conque
« Des sons si ravissants, qu'il ravirait quiconque. »

Soudain, les deux canons tonneraient, les deux gondoles s'aborderaient, les deux personnages se dresseraient l'un en face de l'autre et leurs deux paires de bras s'étendraient, immobiles, dans l'espace, devant la foule innombrable et anxieuse. Enfin, au second coup des canons, au son de tous les instruments sonores de la ville, ceux des charivaris exceptés,

L'ACCOLADE AURAIT LIEU.

Il y aurait « des *acclamations de tout un peuple !* Des *frissons,* et des *élans !* Des *courages abattus se relevant !* « *Des souffles invincibles* de 1792 passant *sur les fronts,* comme à Saintes.

Ce serait beau ! Ce serait grand, touchant, *contagieux* et rassurant pour l'avenir du pays !

Ce serait comme un relent des *saints enthousiasmes* et des *efforts suprêmes*, qui assurèrent à nos pères leurs victoires *sur le monde !! »*

Ainsi finit l'admirable période de l'ACCOLADE DE SAINTES ; cette vaste phrase, où M. Gontier parle encore, ainsi que dans la plupart de ses discours, de Vercingétorix et de Gergovie, et de son cher peuple Santon, etc.

Quelqu'un me souffle à l'oreille de lui demander si deux de ses dieux et déesses de la patrie ne pourraient pas être les héros de la fête de *l'accolade*. Mais ne soyons pas indiscrets et contentons - nous d'envoyer cet essai de programme à la commission des fêtes et réjouissances de Confolens, pour qu'elle avise.

Et maintenant, redevenons sérieux, car il nous faut regarder en face et flairer, sans barguigner, d'autres fleurs et bouquets... de flagorneries.

III.

Qui fut jamais plus aimé que Carnot ?

L'orateur lyrique de Chabanais, le Pindare des Carnot, emporté par la *furia* poétique, en proie au délire de l'enthousiasme d'une amitié sans mesure, n'a pas reculé devant cette question. Il a jeté, avec un grand geste, que l'on voit d'ici, ce solennel défi à tous les grands hommes, rois, empereurs, chefs d'armées de notre temps et des siècles passés :

« Qui *pénétra* JAMAIS plus AVANT dans le *cœur des Français* que NE LE FIT CARNOT ?

« Notre pays avait plus estimé NAPOLÉON Ier; *il ne* L'AVAIT JAMAIS AUTANT AIMÉ ! »

En voilà des blasphèmes historiques !

Quelle débauche de flatterie ! quelle orgie de flagornerie envers la mémoire d'un mort qui, de son vivant, aurait repoussé avec son bon sens et de toute l'énergie de son âme des coups d'encensoir aussi grotesques.

De qui donc, pour quelles qualités si rares, pour quels services éminents, le malheureux président aurait-il été tant aimé? plus que « JAMAIS personne? »

De qui? Par son parti? Par les partis républicains? — Ce n'est pas ce que l'on peut conclure de cette autre phrase, bien topique aussi, du discours à jamais célèbre de Chabanais :

« Hâtons-nous de le dire, messieurs; les POLITICIENS qui nommèrent Carnot président », (c'est-à-dire la majorité des sénateurs et des députés) « ne virent rien de tout cela dans son élection » (c'est-à dire ne pensèrent pas qu'il était petit-fils du grand Carnot, et ils étaient trop ignorants pour savoir que le comte Anatole l'avait embrassé à Saintes, en 1893), « et il leur fallut les acclamations réitérées de tout un peuple pour qu'ils comprissent que le jour où ils l'avaient nommé, *ils avaient fait un choix heureux.* »

Voilà qui est flatteur pour ceux que le grand politique de Rouillac appelle si modestement et si gentiment des « *politiciens* » et qui, d'après lui, ne savaient pas bien ce qu'ils faisaient, tandis que lui, du premier coup, a parfaitement compris l'excellence de l'élection.

Il y a pourtant du vrai dans ces singulières paroles; car M. Sadi Carnot avait été élu, non parce qu'on l'admirait, ni parce qu'ON L'AIMAIT plus que personne, mais parce que ses talents, qui n'avaient rien de bien supérieur, parce que son caractère qui était assez malléable pour donner des espérances à tous, parce que ses principes, qui étaient ceux des opportunistes, *n'effarouchaient* aucun parti.

Fut-il, du moins, AIMÉ des soldats *plus que personne ? Pénétra-t-il* PLUS AVANT que personne dans leur cœur ?

Nullement.

Nos soldats ont aimé de tout leur cœur beaucoup de nos généraux ; le général Boulanger plus que la plupart, c'est un fait. Mais c'est un fait certain aussi, et connu, qu'ils passaient avec plus ou moins d'indifférence, dans les revues, devant ce président civil, sans uniforme, qui les saluait en levant et baissant son chapeau avec un mouvement de bras quasi-automatique, a-t-on dit.

Quant à la France catholique, elle a célébré partout des services funèbres avec empressement et pompe pour le repos de son âme, un pontife vénérable l'ayant béni et absous dans son agonie ; elle a prié pour lui ; elle l'a pris en pitié ; elle a maudit son assassin ; elle a déploré sa mort ; mais elle ne l'aima point ; elle ne pouvait pas l'aimer, si ce n'est comme elle aime et doit aimer ses ennemis ; car elle le savait franc-maçon militant ; elle le vit ministre dans des cabinets sectaires ; elle comprenait ce qu'il voulait dire lorsque, dans un appel à ses électeurs, il parlait « de défendre avec résolution les droits de la société civile contre les invasions du cléricalisme » ; car il vota ou sanctionna et exécuta toutes les lois de persécution contre l'Eglise ; car il visitait nos grandes cités en recevant tous les honneurs qu'on rend aux empereurs et aux rois, sans aller jamais lui-même, comme faisaient nos souverains, comme firent Thiers et Mac-Mahon, offrir ses hommages au Dieu qu'adorent les chrétiens.

Aussi, un évêque de La Rochelle, à l'inauguration du port de La Palisse, ayant eu la malheureuse inspiration, en complimentant solennellement Carnot, de lui dire : « En ce jour, *tous les cœurs* (ou tous nos cœurs) *battent à l'unisson avec le vôtre* », les catholiques de France furent stupéfaits et affligés. Ils n'auraient jamais deviné, ils ne comprenaient pas qu'un évêque pût, même un seul jour, même un seul instant, ne faire qu'un cœur et qu'une âme avec un Président francmaçon militant et n'allant jamais dans une église, au cours de ses voyages.

Mais Carnot fut tant aimé, dit M. Gontier, « parce qu'il a sauvé la République du général Boulanger. »

Je laisse à d'autres le soin d'apprécier cette considération et cette raison, que j'ai le malheur de ne pas bien comprendre.

Et je poserai cette question : M. Carnot, président lorsque le procès du Panama eut lieu, a-t-il sauvé les malheureuses victimes du Panama ? L'histoire ne dira-t-elle pas un jour qu'il n'a rien fait pour amener la découverte des auteurs de cette immense escroquerie ? en sacrifiant, comme un si grand nombre de républicains, la France à la République ? Combien, de nos jours, se posent cette question !

« Il a préparé l'alliance russe », dit triomphalement M. Gontier. — Elle n'eût jamais été conclue ni déclarée avec les ministres radicaux, qui fleurirent sous son septennat. Et, d'ailleurs, cette alliance ne nous sauvera pas, si la franc-maçonnerie et l'impiété continuent l'œuvre de la décomposition morale de notre infortuné pays.

Et l'on ose dire : « Qui PÉNÉTRA JAMAIS plus *avant dans le cœur des Français* que NE LE FIT CARNOT ? »

Qui ? dites-vous ?

Mais, dans votre parti républicain, Thiers, Gambetta et tant d'autres ; mais, dans le parti monarchique, le comte de Chambord, si aimé, si ardemment désiré par ses partisans, qui attendaient de lui le salut de la France ; mais, dans le parti bonapartiste, et de l'immense majorité des Français, pendant dix ans au moins, Napoléon III, qui procura pendant tant d'années à notre pays une prospérité inouie, tant de gloire et la suprématie en Europe ; car les fautes et les catastrophes qui suivirent et dont la postérité fera peser la responsabilité en grande partie sur les républicains, ne doivent pas faire oublier les immenses services rendus par son gouvernement pendant la plus grande partie de son règne.

« Qui fut JAMAIS plus aimé que Carnot ? »

Mais une multitude de nos hommes de guerre dans ce siècle et les siècles passés, les Canrobert, les Bugeaud, les Hoche, les Turenne, les Bayard, les Duguesclin et combien d'autres.

Mais la plupart de nos rois ; entre tous, Henri IV, François Ier, le Père des Lettres ; Louis XII, dit le Père du Peuple ; Charles VII, dit le Victorieux, de roi de Bourges redevenu roi de France par Dieu et Jeanne d'Arc ; saint Louis, qu'un Voltaire, malgré son amour pour la Prusse et son impiété, a loué comme le plus admirable de tous les rois ; saint Louis, qui se battit comme un lion à Taillebourg et à Saintes, « qui montra les qualités d'un grand roi, et sut accorder une politique profonde avec une justice inaltérable ; saint Louis, le modèle de la loyauté, de l'équité scrupuleuse, de la grandeur d'âme. »

En a-t-il donc débité, à Chabanais, des jugements historiques renversants, étourdissants, le plus illustre des enfants de Rouillac !

Comme ce qu'il y avait là d'auditeurs instruits, connaissant leur histoire de France, ont dû hausser les épaules ou éprouver des nausées, des haut-le-cœur !

Mais voici la perle des perles, la plus belle fleur qui ait jamais pu sortir du... terreau de la flatterie et s'épanouir au soleil de l'histoire. Aussi je l'ai gardée comme le bouquet final.

« Notre pays, dit M. Gontier, *qui partage volontiers ses préférences entre la gloire et la vertu...* »

(Veillez à vous bien tenir logés à l'enseigne de la gloire, gens de Confolens, puisque d'après ce profond moraliste, les vertus vous manquent).

Notre pays... avait plus admiré Napoléon Ier ; elle ne l'avait jamais autant aimé.

Après celle-là, il n'y a plus qu'à tirer l'échelle. On est littéralement renversé. Les bras vous tombent des épaules. On n'en veut pas croire ses oreilles. La réflexion venant, on part d'un fou rire. Puis on se sent pris d'une pitié immense pour l'homme intelligent, qui a pu en venir à ce degré d'aberration... historique.

Comparer Carnot à Napoléon ! ! !

Mais c'est incongru ! ou du moins immensément naïf !

On ne compare pas un nain à un géant, un lampion au soleil, un Carnot, de taille si ordinaire, à ce Géant de l'humanité qui domine

les siècles avec son prodigieux génie, qui
surpasse de si haut les plus hauts après lui,
qui n'a son égal que dans Charlemagne, mille
ans auparavant, que dans César, huit cents
ans avant Charlemagne, que dans Alexandre
trois cents ans avant César.

Comparer Carnot le Petit, qui n'a pas dit
une parole mémorable digne de passer à la
postérité, qui n'a pas accompli une seule
action d'éclat méritant d'être célébrée par les
âges futurs, à l'homme universel et d'une
activité dévorante, qui a marqué au coin de
son génie tant de paroles connues de tous,
« qui, par ses MÉMOIRES, a pris rang parmi
les plus grands écrivains de l'époque »,
(Sainte-Beuve) ; qui a gagné cent batailles,
promené nos armées victorieuses en Italie, en
Egypte, jusqu'aux Pyramides, à Vienne, à
Berlin ; qui a rétabli le culte catholique en
France, conclu le Concordat, ordonné, dirigé,
souvent présidé la rédaction du Code civil,
fondé l'Université ! ! !

> Ah ! qu'on est fier d'être Français
> Quand on regarde la colonne,

la colonne Vendôme, surmontée de la statue
de Napoléon et faite avec les canons pris
par lui, à Austerlitz, sur les Autrichiens ! »
a dit Victor Hugo. Nul ne dira jamais rien
d'analogue devant un monument Carnot. »

M. Gontier se récriera peut-être en disant :

« Pourquoi me faire ainsi mon procès, puisque j'accorde que *notre pays avait plus estimé Napoléon ?* »

Eh ! grand homme de Rouillac, feu M. de La Palisse accordait aussi qu'un homme est encore en vie un quart d'heure avant sa mort ; et cela n'empêche pas son aphorisme d'être un comble de naïveté.

Le vôtre l'est tout pareillement, car dire à des Français que « notre pays avait plus estimé Napoléon », l'objet de l'admiration universelle, que Carnot qui a été estimé, mais jamais admiré, si ce n'est d'un très petit nombre, est tout aussi superflu que d'assurer qu'un homme vivant n'est pas mort.

Venons au parachèvement de l'apothéose du Président Carnot.

« Notre pays n'avait jamais plus aimé Napoléon. »

J'ai dit plus haut ce qu'il faut penser de l'amour des partis républicains eux-mêmes, de l'amour de l'armée, comme de la France catholique pour le Président Carnot.

En général, excepté sans doute chez les opportunistes, quelle indifférence !

Mais qui pourrait dire combien la France aima, dès 1796, le jeune et brillant général de vingt-sept ans, qui lui envoyait des bulletins de victoire, des drapeaux et des canons pris sur l'ennemi, et tant de gloire des champs de bataille de Millesimo, de Mondovi, de Montenotte ; plus tard, de Lodi, d'Arcole, de Rivoli ; plus tard de l'Egypte et du pied des Pyramides ; combien elle aima le Premier Consul, qui, d'une main ferme et puissante, ferma pour elle l'ère des révolutions sanglantes, et lui donna au moins la paix intérieure.

Qui pourrait dire combien la France catholique aima et BÉNIT cet homme, ce politique profond, qui comprit aussitôt qu'il fallait à notre pays la paix dans la liberté religieuse, et qui lui rendit ses prêtres, ses églises, ses autels, son culte, après les persécutions sanglantes de la première République ?

M. Gontier sait bien, eomme tout le monde, que Napoléon Ier était aimé, disons plus exactement, était adoré de ses soldats ; que sa bonté familière à leur égard, comme sa parole enflammée, les électrisait ; qu'ils allaient avec enthousiasme, sous ses ordres, à la victoire ou à la mort ; qu'ils mouraient en criant son nom. Il a bien rencontré, lui aussi, de ces vétérans du premier Empire, qui ne prononçaient qu'avec émotion, et des larmes dans les yeux, le nom du grand Empereur qu'ils étaient si fiers d'avoir servi.

Et qui peut lire ses campagnes sans triompher avec lui dans ses succès, sans éprouver des serrements de cœur dans ses revers ?

Tous ont plaint énormément le Président Carnot dans sa mort lamentable. Est-ce que la France n'a pas plaint et encore aimé Napoléon sur ce rocher de Sainte-Hélène, où, loin de sa patrie, entre les griffes de l'Angleterre, au milieu de l'Océan, il expiait si cruellement son orgueil, son ambition et ses fautes ?

Est-ce que la France ne tressaillait pas d'amour pour Napoléon Ier, lorsque, en 1840, ses restes furent rapportés par le Prince de Joinville, et solennellement déposés dans leur tombeau de marbre, sous le dôme de la chapelle des Invalides ?

Est-ce qu'il n'a pas été chanté avec amour par Victor-Hugo, Lamartine et tant d'autres poètes, comme ne le sera jamais le Président Carnot ?

Est-ce que dans un demi-siècle, le culte des Carnot fleurira dans leur pays de Bourgogne ou de Chabanais comme le culte de Napoléon Ier, de Napoléon III, de l'infortuné Prince Impérial, florissait encore dans les Charentes il y a quelques années, si tant est qu'il y soit amoindri ?

Et c'est un Charentais d'Angoumois qui a osé dire dans une circonstance solennelle, devant un public très nombreux :

« QUI PÉNÉTRA JAMAIS *plus avant dans le cœur des Français que ne le fit Carnot. Notre pays avait plus estimé Napoléon; il ne l'avait jamais autant aimé !* »

Ce n'est donc pas du sang charentais qui

circule dans les veines de cet adorateur des Carnot!

Ou du moins, dans son délire d'enthousiasme, il n'a pas pensé un instant combien ses PAROLES adulatrices devaient froisser, blesser au vif ses compatriotes.

Il a cru grandir les Carnot, les élever encore plus haut dans l'estime du pays, avec son chef-d'œuvre oratoire. Il s'est mis le doigt dans l'œil, comme les pieds dans le plat : et ensuite, par ses exagérations révoltantes,

Il les a desservis.

Angoulême. — Imp. A. Roux & Despujols.